LES AMOURS DE BASTIEN ET BASTIENNE;

PARODIE DU DEVIN DE VILLAGE;

Par Madame FAVART, & Monsieur HARNY;

Représentée pour la premiere fois par les Comédiens Italiens Ordinaires du Roi, le Mercredi 26 Septembre 1753.

NOUVELLE ÉDITION.

Le prix est de 30 sols avec toute la Musique.

A PARIS,
Chez N. B. DUCHESNE, Libraire, rue S. Jacques, au-dessous de la Fontaine S. Benoît, au Temple du Goût.

M. DCC. LIX.
Avec Approbation & Privilége du Roi

ACTEURS.

BASTIEN,	Mr. Rochard.
BASTIENNE,	Mme. Favart.
COLAS,	Mr. Chanville.

PAYSANS, PAYSANNES.

LES AMOURS DE BASTIEN ET BASTIENNE, PARODIE.

Le Théâtre représente un Hameau avec un fond de Paysage.

SCENE PREMIERE.

BASTIENNE *seule.*

AIR : *J'ai perdu mon âne.*

AIR : *Lucas, tu t'en vas.*

Pour rien, Mon Bastien, Maugré ça m'dé-
laisse. Hélas &c. Je l'appelle à toute heu-
re; Quand j'y pensons, je pleure, Et
j'y pensons tou- jours. Pour eune plus jo-
li- e, Le par- fi- de m'ou- bli- e; A-
dieu mes a- mours. Hélas &c.
AIR: Dans ma Cabanne obscure.
PLus ma- tin que l'Au- rore, Dans nos val-

Drès que le jour se léve ,
Je voudrois qu'il fût soir ;
Et drès que l'jour s'acheve ,
Au matin j'voudrois m'voir.
D'où vient ç'que tout m'chagreine ,
Et que j'n'ons cœur à rien ?
Hélas ! c'est que Bastienne
N'voit plus son cher Bastien.

Le chang'ment de ç'volage
Devroit bien m'dégager ;

Mais j'n'en ons pas l'courage,
Et je n'sçais qu' m'affliger :
D'un Ingrat, quand on s'venge,
C'est se dédommager :
Mais hélas ! Bastien change,
Et je n'saurois changer.

SCENE II.

BASTIENNE, COLAS.

COLAS *descend d'une colline en chantant & s'accompagnant de sa cornemuse.*

AIR : Faut pas êtr' grand sorcier pour ça.

QUand un tendron viant dans ces lieux, Con-
Tout mon grimoire est dans ses yeux, J'y

sulter ma scien-ce ; J' d'vinons tout nette-
lisons ce qu'all' pense.

ment, Qu'pour un A-mant alle en tient là, la,

la. Oh, oh ! ah, ah, ah, ah ! N'faut pas êtr'

grand sorcier pour ça, la, la. Oh, oh! ah, ah, ah,

ah! N'faut pas êtr' grand sorcier pour ça, la, la.

Même air.

Lise à Piarrot s'en va d'mandant
Pourquoi qu'alle soupire?
Le gros benêt en la r'gardant,
Rit & n' sait que li dire.
J'l'instruisis dans un instant.
D'un air content,
All' me r'mercia, la, la,
Oh, oh! ah, ah, ah, ah!
N' faut pas êtr' grand sorcier pour ça, la, la.

BASTIENNE.

Air. *Ah! mon mal ne vient que d'aimer.*

Colas, voulais-vous me sarvir?

COLAS.

Oui-dà, ma Reine, avec plaisir.
Voyons; qu'exigeais-vous de moi?

BASTIENNE.

Au chagrin qui m'possède,
(*En lui faisant une grande révérence.*)
Comm' sorcier, vous pouvais, je croi,
Apportez quequ' remède.

COLAS.

Air. *La bonne aventure, &c.*

Vous vous adreſſais au mieux,
Je vous en aſſure :
J'ons des ſecrets marveilleux
Pour apprendre à deux beaux yeux
La bonne aventure,
O gué,
La bonne aventure.

BASTIENNE.

Air. *M. le Prévôt des Marchands.*

Monſieur Colas, j'n'ons point d'argent,
Mais d'ces blouques j'vous f'rons préſent :
All' ſont d'or fin.

COLAS.

Non, non, ma Fille.

BASTIENNE.

Quoi ! vous voulais me refuſer ?

COLAS.

Mon Enfant, quand on eſt gentille,
Je tiens quitte pour un Baiſer.
(*Il veut l'embraſſer.*)

BASTIENNE.

Air. *Hélas ! Maman, c'eſt bien dommage.*

Non, non, Colas, n'en faites rien :
Tous mes baiſers ſont à Baſtien,

Et je les gard' pour not' mariage :
Mais souffrais que j'vous consultions :
Dites, faut-il que je mourions ?

COLAS.

Mourir si jeune, ah ! queu dommage !

BASTIENNE.

Air. *De tous les Capucins du monde.*

On dit par-tout qu'il m'a quittée.

COLAS.

Rassurais vot' ame agitée.

BASTIENNE.

Se pourroit-il ? ah ! queu bonheur ! . .
Est-ç' qu' i' m'trouveroit encor belle ?

COLAS.

Il vous aime de tout son cœur.

BASTIENNE.

Et pourtant il est infidéle.

COLAS.

Air. *Pourvû que Colin, voyez-vous !*

Vot' Bastien n'est qu'un peu coquet ;
N'en ayais point d'ombrage.
Ma chere Enfant, qu'est qu'ça vous fait ?
Votre biauté l'engage.

BASTIENNE.

Mais s'il doit être mon Epoux,
Dam', je n'veux point d' partage,
Voyais-vous ?

COLAS.

Ce cher Amant n'est point un parjure :
Mais il aim' la parure.

BASTIENNE.

AIR : *Ce ruisseau qui dans la plaine.*

Même air.

Pour qu'il eût tout l'avantage
A la Fête du Hamiau,
De ribans à tout étage
J'ons embelli fonchapiau ;
D'eune gentille rofette
J'ons orné fon flageolet :
Ç' n'eft pas que je la regrette :
Malgré moi l'Ingrat me plaît ;

Mais pour parer ce volage,
J'ons défait mon biau corset.
Faut-il qu'eune autre l'engage, } *bis.*
Après tout ce que j'ai fait ?

COLAS.

Air. *Piarrot se plaint que sa Femme.*

La Dame de ce Village
L'oblige bian autrement,
Pour attirer son hommage,
All' paye assez richement
Sa complaisance.
Manque-t'on jamais d'Amant,
Quand on finance ?

BASTIENNE.

Air. *A notre bonheur l'Amour préside.*

Si j'voulions être un tantet coquette,
Et prêter l'oreille aux Favoris,
Que je ferions aisément emplette
Des plus galans Monsieux de Paris !
Mais Bastien est l' seul qui peut nous plaire;
Et j'ons sans mystere,
Toujours répondu :
Laissez-nous, Messieux, je somm' trop sage,
Sçachez qu'au Village
J'ons de la vartu.

Même air.

Au déclin du jour, près d'un boccage;
Un jeune Monsieu des plus gentis

Vouloit dans un brillant équipage
Nous mener, ç'dit-il, jusqu'à Paris :
Il vouloit m'donner ribans, dentelle ;
Mais toujours fidelle,
J'y avons répondu :
Laissez-nous, Monsieu, je somm' trop sage,
Sçachez qu'au Village
J'ons de la vartu.

Même air.

En honneur, je vous trouvons charmante,
Me dit un jour un petit Collet,
Venez, vous serez ma Gouvernante,
Cheux moi vous vous plairez tout à fait.
Tous ces biaux discours n'étiont qu' finesse ;
J'ons connus l'adresse,
Et j'ons répondu :
Laissez-nous, Monsieu, je somm' trop sage,
Sçachez qu'au Village
J'ons de la vartu.

COLAS.

Air : *Buveur fidele.*

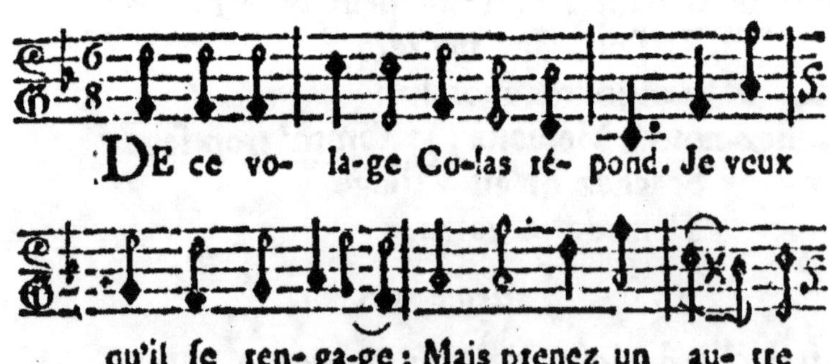

ton ; De-ve- nez un peu fi-ne , Lé-gere & ba-

di- ne : Car c'est en ba- di-nant , En fo- lâ-

trant , Qu'on rend l'Amant constant, Qu'on rend l'A-

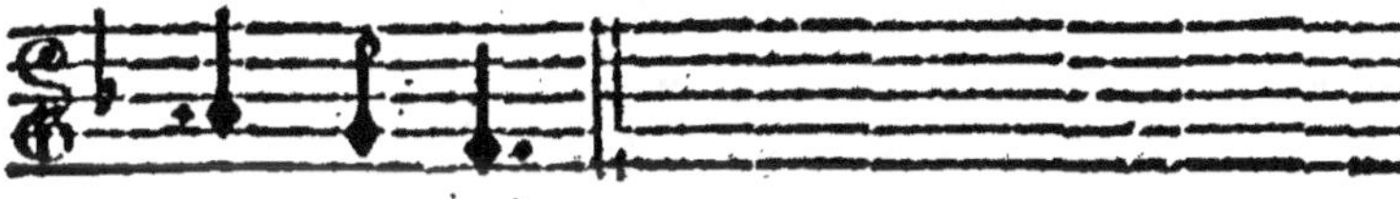

mant constant.

BASTIENNE.

QUand je le vois , Je pards la voix. . . Mais

je r'gard, si mes manches Sont blanches , Si ma cole-

rette Est bien faite , Si j'ai lacé drét Mon corset ,

COLAS.

Air : *Javotte, enfin vous grandissez.*

Pour ramener un inconstant,
Il faut paroître un peu coquette,
Et fair' semblant de fuir l'Amant
Que d'bonne amiquié l'on souhaite;
Car c'est ainsi; car c'est comm' ça,
(La leçon est utile,)
Que font, lon la, farla rira,
Les Dames de la Ville.

BASTIENNE.

Air. *Des Corsaires.*

Je sis contente :
La leçon m' sarvira.

COLAS.

S' rais-vous reconnoissante ?

BASTIENNE *en lui faisant une révérence.*

Autant qu'il vous plaira.

COLAS *à part.*

Ah! Qu'elle est innocente!
(*à Bastienne.*) R'pernais vot' belle himeur,

Ma

Ma pauv' petite,
Vous en s'rais quitte
Pour la peur.

BASTIENNE.

Adieu, Monsieur.

SCENE III.

COLAS *seul.*

Air. *De France & de Navarre.*

PAR ma foi, ce couple d'Amans
Paroît une marveille;
On ne sçauroit trouver qu'aux champs
Innocence pareille.
L'esprit en tout autre pays
Brille dès la lisiere;
Fillette à cet âge à Paris,
En revend à sa mere.

Air. *Je vous apperçus l'autre jour.*

Mais j'apperçois venir ici
Notre Amant débonnaire:
Et v'là pourtant l' mignon joli,
Qu'aux Messieurs on préfére!
Ferluquets, si fiars, si pimpans,
Cette leçon est bonne;
Cheux vos bell' on voit des manans,
Quand pour vous gnia personne.

SCENE IV.

BASTIEN, COLAS.

BASTIEN.

Air. *Si le Roi m'avoit donné.*

D' M'avoir instruit de mon bian,
Je vous remarcie.
Non, sans Bastienne, il n'est rian
De biau dans la vie :
Tout cet or qu'on me promet,
J' vous l'envoye au barniquet ;
J'aime mieux ma Mie,
O gué !
J'aime mieux ma Mie.

COLAS.

Air. *Adieu, paniers, Vendanges sont faites.*

Las d'aller conter des fleurettes,
Vous vous rendais à mes avis ;
Trop tard vous les avais suivis,
Adieu, paniers, Vendanges sont faites.

BASTIEN.

Air. *Je n' lui, je n' lui donne pas.*

Comment donc ! on a vendagé ?
Que voulais-vous me dire ?

COLAS.

Que l'on te donne ton congé.

BASTIEN.

Allais, vous voulez rire.
Pour m'ôter son p'tit cœur, hélas !
Ma Bastienne est trop tendre ;
A d'autr' all' ne l'donn'ra pas.

COLAS.

Mais le laissera prendre.

BASTIEN.

Air : *A table, je suis Grégoire, & Tircis sur le gazon.*

Bon ! bon ! vous m' contais eun' Fable ;
Si Bastienne aime, c'est moi ;
Pour me faire un tour semblable,
All' est de trop bonne foi.
Quand je la trouvons gentille,
A m' trouve aussi biau garçon,
Et Bastienne n'est pas fille
A dire un oui pour un non.

Même air.

Si j'allons dans la Prairie,
All' me guett' venir de loin ;
Pour me fair' queuqu' tricherie,
All' se gliss' darrier' el foin ;
All' me jette de la tarre ;
Et queuq' aut' fois aussi, dà,

All' me pousse dans la marre :
Ce sont des preuves que ça.

Même air.

Pis, ce jour qu'à la main chaude,
On jouoit sur le gazon,
Moi qui ne fis pas un Glaude,
Je m'y boutis sans façon ;
All' toujours folle & maleine,
Pour me divartir un brin,
Courut tôt prendre eune épeine,
Et m'en tapit dans la main.

COLAS.

Air. *Oh, oh, oh, oh!*

Mon ami, ta Maîtresse,
A fait un autre Amant ;
Il est plein d' gentillesse,
Il est poli, charmant.

BASTIEN.

Oh, oh! ah, ah!
Et d'où vient donc ? Comment cela ?

Air : *Etes-vous de Gentilli ?*

Mais d'où sçavez-vous ceci ?

COLAS.

De mon art.

BASTIEN.

De votre art!

COLAS.

Oui.

BASTIEN.

En ç'cas-là je d'vons vous croire,

COLAS.

Vrament, mon Compere, voire,
Vrament, mon Compere, oui.

BASTIEN.

Air. *V'là ç'que c'est qu'd'aller aux bois.*

Ah! jarnigué! Qu'j'avons d' guignon!

COLAS.

V'là ç' que c'est qu' d'êt' biau garçon.
On veut avoir tout à foison,
Nombre de Maîtresses;
Biaucoup de richesses;
Mais un biau jour tout fait faux bon;
V'là ç' que c'est qu' d'êt' biau garçon.

BASTIEN.

Air. *Que de bi, que de Bariolet.*

L'aventure est cruelle!
J'en demeure stupéfait.
Pour ravoir cette Belle,
Sauriez-vous un secret!

COLAS.

Air. *J'ai rencontré ma Mie.*

Ah! mes pauvres enfans,
J' vous plains fort;

Car j'aime que les gens
Soient d'accord.
Tout d'abord,
Dedans ce grimoire ;
Je sçaurai ton sort.

(*Il tire de sa besace un livre de la Bibliothéque bleue, & fait en lisant plusieurs contorsions qui font ensuir* BASTIEN.)

Manche,
Planche,
Salme,
Palme,
Vendre,
Cendre,
D'jo
Lo,
Mecre,
Necre,
Mic lar lun Brunto.
Tar la vistan voire,
Tar lata qui plo.

BASTIEN.

Air. *Ton humeur est, Catherine.*

C'est-i-fait, minon minette ?

COLAS.

Oui, oui, tu peux t'approcher.
Tu vas voir ta Bargerette.

BASTIEN.

Mais pourrons-je la toucher ?

COLAS.

Oui, si tu n' fais pas la bête,
Si tu prends un air galant,
Et si dans le tête à tête
Tu n'es pas un ignorant.

Air. *Ah! Maman, que je l'échappe belle!*

L'Amour veut que l'on soit téméraire,
Il faut lutiner,
Papillonner
Près d' sa Bargere.
Quoiqu'souvent on fass' tant la sévere,
Morguene, un Tendron
Veut qu'un Garçon soit sans façon.

Quand on trouve sa Belle au boccage,
N' faut pas fair' le sot,
Ni le magot,
Faut du langage.
La Fillette rougit, c'est l'usage;
Fille qui rougit
Tout bas approuve ce qu'on dit.

Du discours on passe au badinage.
La Belle tout net
Donne un soufflet,
Car c'est l'usage;
A prendre un baiser ça vous engage:
Petit à petit
L'Amour ainsi fait son profit.

SCENE V.

BASTIEN *seul.*

Air. *Et j'y pris bien du plaisir.*

J'Allons donc de ma Brunette
Voir encor les doux appas?
J'aimons bian mieux ç'te Poulette
Que tous les plus biaux ducats.
Adieu, grandeur & richesse;
D' vot' eclat j' pardons l' souvenir,
Sans vous, près d' ma cher' Maîtresse,
J'ons cent fois bian pu d'plaisir.

Même air.

Ces Messieurs de la Financo
Qui sont envieux de tout,
Aimont tant son innocence,
Qu'ils vouliont l'avoir itou:
Sarviteur à leu puissance,
Ailleurs ils pourront choisir;
Ils n'auront qu'eun' révérence,
Et nous j'aurons tout l' plaisir.

SCENE VI.

BASTIEN, BASTIENNE.

BASTIEN.

Air : *Du Devin de Village.*

Air. *Que fais-tu là-bas ?*

Bastienn', vous rêvais,
Eh ! qu'est ç'qu'vous avais ?
Est ç'que vous m' fait' la meine ?

BASTIENNE.

Je n'vous r'connois pas,
Non, Bastien.

BASTIEN.

Hélas !
R'gardais moi donc, Bastienne.

BASTIENNE.

Air. *Les Vendangeuses.*

* Fidele,
Sans moi, mon cher Bastien
N'aimoit rien ;
Mon cœur étoit tout son bien,
I' m' trouvoit si belle !
I' m' trouvoit si belle !
Et les plus brillans appas

Ne le touchoient pas.
Me plaire,
C'étoit sa seule affaire;
Dans tous ses discours
I' n' parloit que d' ses chers amours,
Toujours.
Tredame!
Pour attendrir son ame,
Si queuque grand' Dame
Pour lui plein' de flâme,
Lui f' soit un présent,
I' m'l'offroit à l'instant.
Fidéle,
Sans moi, mon cher Bastien
N'aimoit rien;
Mon cœur étoit tout son bien.
En vain je l'appelle,
En vain je l'appelle,
Je n'vois, au lieu d'mon Amant,
Qu'un inconstant.

BASTIEN.

Air. *C'est une excuse.*

J'voyons bian ç' qui peut vous fâcher,
C'est qu'vous croyais qu'jons pu changer.
T'nez, c'est ç' qui vous abuse:
C'étoit un sort de queuque esprit;
Mais le bon Colas l'a détruit.

BASTIENNE.

Mauvaise excuse.

Air. *Je suis malade d'amour.*

Si vous aviais un sort, eh ! bien,
Pareil malheur m'obséde;
Mais le bon Colas n'y peut rien,
Et tout son art y céde;
Bastien, pour un sort comme le mien,
Il n'est point de reméde.

BASTIEN.

Air. *Mon Papa toute la nuit.*

Mariais, mariais, mariais-vous,
Ça guarit les sorciléges :
Mariais, mariais, mariais-vous;
Rian n'est si bon qu'un Epoux.

BASTIENNE.

BASTIEN.

Air. *Raisonnez, ma Musette.*

Puisqu'vous êt' si sauvage,
A la Dam' du village
J'nous allons drès ce jour
Rendre amour pour amour.

BASTIENNE.

Même air.

Moi, j'courons à la Ville;
C'est-là qu'i'm' s'ra facile
D'avoir cent Favoris,
Comm' les Dam' de Paris.

BASTIEN.

Même air.

J' nag'rons dans l'opulence;
Eun' Maîtress' d'importance,
Au gré de mes désirs,
Va payer mes plaisirs.

BASTIENNE.

Même air.

A Paris, la richesse
S' prodigue à la Jeunesse,
Et pour en ramasser,
Tien, l'on n'a qu'à s'baisser.

(Ils font semblant de s'en aller & se rencontrent comme ils reviennent.)

BASTIENNE.

Air. : *Dans un détour.*

Quoi ! vous voilà !
Mais j'vous croyois bien loin déjà.

BASTIEN.

Vraiment, l'on s'en va,
J'nous apprêtons pour cela,
La.

BASTIENNE.

Vous n'aurais sûrement
Nulle peine à me fuir, inconstant.

BASTIEN.

Je vous f'rons du plaisir,
Drès que j'nous dispos'rons à partir.

BASTIENNE.

Vous agirais,
Monsieur, ainsi comm' vous voudrais.

BASTIEN.

Parlais-vous tout d'bon ?
Dois-je rester ici ?

BASTIENNE.

Oui...
Non.

BASTIEN.

Air : *Un brave gentizomme.*

BASTIEN *à part.*

Air : *L'Amour me fait, lon lan la.*

J'ferions pourtant trop bête
D'aller là nous plonger.

BASTIENNE.

Qu'est-ç' donc qui vous arrête ?

BASTIEN.

Je n'sçavons pas nager ;
Et pis avant d'être mort ;
J'veux vous parler encor.

BASTIENNE.

Air : *Les Niais de Sologne.*

tous

tout de suite : Voudrois-tu donc Que j'allions
comm'ça sans fa- çon, E- tre de ton jo-
Bastienne.
li Monsieur, Le ser- vi- teur. Bas-
Bastien. Bastienne.
tien, Ba- stien. VOus m'appellais ? VOus vous trom-
Bastien.
pais. Quand j'te plai- sois, Dam' tu m'plaisois. LA
bell' mar- veille ! Quand tu m'ai- mois, Moi, j't'ai-
mois. Tu me fuis,

ENSEMBLE.

Bastienne.
VA, je te rends la pa- reille. De-
Bastien.
VA, je te rends la pa- reille. De-
viens vo- lage, Je me dé- gage; D'un
viens vo- lage, Je me dé- gage; D'un
autre a- mour J'pré- tendons tâ- ter à mon
autre a- mour J'pré- tendons tâ- ter à mon
tour; Nouviau mé- nage N'est qu'avan-
tour; Nouviau mé- nage N'est qu'avan-

tage, Et chacun m'dit Que ça ré-
tage, Et chacun m'dit Que ça ré-
veille l'appé- tit.
veille l'appé- tit. Quoi- que l'on prise,
Bastienne.
Bastien.
QUoique l'on di- se, CEs grand' Maî- tresses.
Bastienne.
DEs grand' ri- chesses. SI
Bastien.
SI tu vou- lois, Si

C ij

tu vou- lois Re-nouër nos a-
tu vou- lois Re-nouër nos a-

Bastienne.
mours, Je te pour- rois AI-
Bastien.
mours, Je te pourrois TOujours ai-mer.

Bastien.
mer tou- jours. REnds-moi ton cœur, Fais
Bastienne.
mon bon-heur; Viens dans mes bras. Hé-

las ! Qu'il est char-mant De faire un heureux

ENSEMBLE.

dénouement. VA, je m'ren- gage, Et
VA, je m'ren- gage, Et
sans par- tage, Tian, v'là ma foi, Ta
sans par- tage, Tian, v'là ma foi, Ton
chere Bastienne est toute à toi. Plus de lan-
cher Ba- stien est toute à toi. Plus de langage, De varbi- age, A nos dé-
gage, De varbi- a-ge, A nos dé-

SCENE VII & *derniere.*

BASTIEN, BASTIENNE, COLAS.

COLAS.

On danse.

COLAS, BASTIEN, BASTIENNE.

Même air.

Allons gai, gens de Village,
Chantais les Epoux nouviaux,
Pour fêter {not' / leur} mariage
{Faiſons / Faites} claquer {nos / vos} ſabiots.
{Sautons, faiſons / Sautez, faites} fracas ;
Chantais Baſtien & Baſtienne :
L'Hymen, grace à Colas,
{Nous / Les} enchaîne
Dans ſes laqs.

LE CHŒUR.

Sautons, faiſons fracas,
Chantons Baſtien & Baſtienne ;
L'Hymen grace à Colas,
Les enchaîne
Dans ſes laqs.

BASTIEN, BASTIENNE.

Même air.

Vive la Sorcellerie
Du fameux ſorcier Colas ;
Il falloit tout' ſa magie,
Pour nous tirer d'embarras.

BASTIENNE.

Il viant d'rapatrier
Bastien avec sa Bastienne.

BASTIEN.

Il viant d'nous marier;
Jarniguene,
Queu Sorcier!

LE CHŒUR.

Il viant d'rapatrier
Bastien avec sa Bastienne;
Il viant d'les marier,
Jarniguene,
Queu Sorcier!

DUO.

BASTIEN, BASTIENNE.

tienne, Baſtienne s'ra Baſtien ,
tienne.
Et Baſtien s'ra Baſ-
Baſtienne s'ra Ba-ſtien , Et Baſtien s'ra Baſtienne ,
Baſtienne s'ra Baſ-
tienne.
Baſ-
tien , Et Baſtien s'ra Ba- ſtienne , Baſtienne s'ra Ba- ſtien , Et Ba- ſtien s'ra Baſtienne s'ra Ba- ſtien , Et Ba- ſtien s'ra Baſ-

tien- ne : ne : Com'deux moutons en
tien- ne : ne : Com'deux moutons en
paix dans leur pâtu- rage, Ah ! j'vi- vrons
paix dans leur pâtu- rage,
dans l'mari- a-ge, Et j'f'rons à ja- mais
Ah ! j'vi- vrons
bon mé- nage, Et j'f'rons à ja- mais
dans l'mari- a-ge, Et j'f'rons à ja- mais

- - - - - bon mé-
bon mé- nage ; Et j'f'rons à ja- mais bon mé-
na- ge , Com' deux moutons en paix
na- ge. Com' deux moutons en
dans leur pâtu- ra- ge , Ah ! j'vi- vrons
paix dans leur pâtu- ra- ge , Ah ! j'vi-
dans l'mari- a- ge , Et j'f'rons à ja- mais, à ja-
Fort.
vrons dans l'mari- a- ge , Et j'f'rons à ja-

mais bon mé- nage, Et j'f'rons à ja-
mais bon mé- nage, Et j'f'rons à jamais bon ména- ge, Et j'f'rons à ja- mais
mais bon ména- ge, Et j'f'rons à ja- mais
bon mé- na- ge.
bon mé- na- ge.

RONDE.

BASTIENNE.

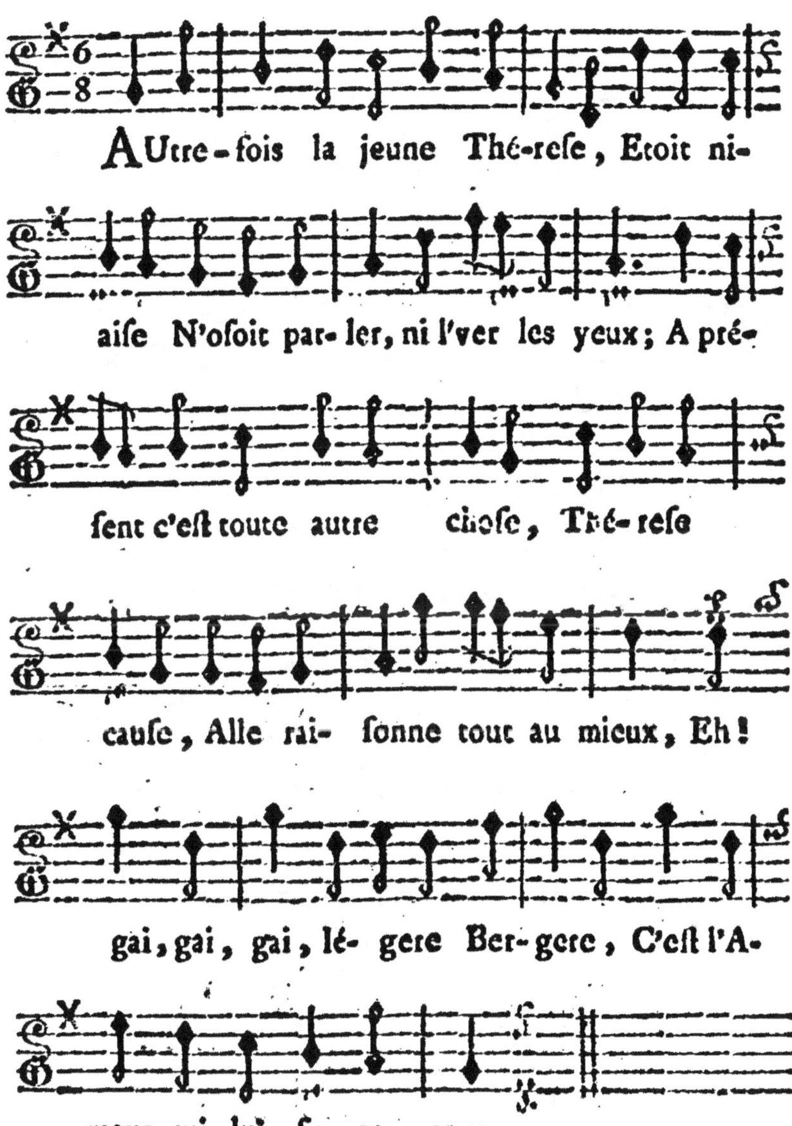

MINEUR.

III.

Coridon qui de loin la guette
La voit seulette,
De l'agneau contrefait la voix.
L'innocente y court au plus vîte;
C'est dans ce gîte
Où l'attend cet amant sournois.
Eh! gai &c.

IV.

Le Barger s'avance vars elle,
D'abord la Belle
Le r'garde & l'écoute en tremblant;
Mais aussitôt alle s'échappe,
Il la rattrape,
Fait un faux pas; ah! le méchant!
Eh! gai &c.

V.

Coridon deviant téméraire,
Et la Bergere
Avec son sabiot se défend;
Mais hélas! son sabiot se casse,
Queulle disgrace!
Cheux elle all' s'en r'tourne en boitant.
Eh! gai &c.

VI.

Au logis all' charche eune excuse,
All' a d'la ruse,
All' répond à tout ç'qu'on lui dit;
Et v'là comm' souvent à notre âge
Dans un bocage
Sans l'sçavoir on trouv' de l'esprit.
Et gai &c.

FIN.

J'AI lû par ordre de Monseigneur le Chancelier, *les Amours de Bastien & Bastienne*, *Parodie du Devin de Village*, & je crois que l'on peut en permettre l'impression. A Paris, ce 13 Août 1753.

CRÉBILLON.

Le Privilége & l'Enregistrement se trouvent au nouveau Recueil de Pieces des Théâtres François & Italien.

Catalogue d'Opera Comiques & autres Pieces de Théâtre.

De Monsieur & de Madame FAVART.

L'Amour au Village.
La Fête d'Amour, Comédie.
Les jeunes Mariés.
Les Nymphes de Diane, avec la Musique.
L'Amour impromptu, Parodie.
Le Mariage par escalade.
Cythere assiégée.
Les Ensorcelés, ou Jeannot & Jeannette.
Les Amours de Bastien & Bastienne.
La Répétition interrompue, Opera Comique.
La Fille mal gardée, Parodie.
Ninette à la Cour.
La Musique de Ninette, 4 parties.
La soirée des Boulevards.
La Musique de la soirée.

De M. VADE'.

La Fileuse, Parodie.
Le Poirier, Opéra Comique.
Le Bouquet du ROI.
Le Suffisant.
Les Troqueurs & le Rien, Parodie.
Airs Choisis des Troqueurs.
Le Trompeur trompé.
Il étoit tems, Parodie.
La nouvelle Bastienne.
Le Divertissement de la Fontaine de Jouvence.
Les Troyennes de Champagne.
Jerôme & Fanchonnette, Pastorale.
Les trois complimens.
Le Confident heureux.
Follette ou l'enfant gâté.
Nicaise, Opera Comique.
Les Racoleurs, Opera Comique.
L'Impromptu du cœur.
Le mauvais Plaisant, Opéra Comique.
La Canadienne, Comédie.
La Pipe cassée, Poëme.
Les Bouquets Poissards.
Les Lettres de la Grenouillere.
Œuvres posthumes, faisant le Tome quatriéme, contenant les Amans constans jusqu'au trépas, des Fables & Contes, des Chansons avec la musique, & divers morceaux de Poësies, &c.

www.ingramcontent.com/pod-product-compliance
Lightning Source LLC
LaVergne TN
LVHW020627110826
845149LV00004B/1077

* 9 7 8 2 0 1 2 7 3 0 9 1 5 *